quel bonheur !

quel bonheur !

paroles inspirantes et touchantes
sur le sens et l'essence du bonheur

recueillies par Toby Reynolds

éditions
marée haute

Infographie : Carl Lemyre

Titre original : Happy Thoughts
© 2005 Axis Publishing Limited

© 2006 Éditions Marée haute
pour la traduction française :
Louis Letendre

ISBN 2-923372-20-4

Dépôt légal :   Bibliothèque nationale du Québec, 2006
                Bibliothèque nationale du Canada, 2006

Distribution : Diffusion Raffin
                29, rue Royal
                Le Gardeur (Québec)
                J5Z 4Z3
Courriel : diffusionraffin@qc.aira.com

Imprimé en Chine

au sujet du livre

Quel bonheur! présente un choix de paroles inspirantes et touchantes sur le bonheur. Sans en avoir l'air, ces petites phrases, combinées à de superbes photographies animales, évoquent tout le drame et toute la beauté de la condition humaine.

Nous passons tous par des périodes sombres, où nous perdons confiance en nous-même et en la vie. Ces mots d'esprit pleins de sagesse, écrits par des gens ordinaires et tirés de leur propre expérience, vous aideront à tourner votre regard vers les choses vraiment importantes et à retrouver votre amour de la vie. Comme l'a si bien dit l'un de nos auteurs : « Le bonheur n'est pas une destination : c'est un façon de vivre. »

Alors souriez, la vie est belle !

au sujet de l'auteur

Toby Reynolds est un auteur qui travaille dans le domaine de l'édition depuis une dizaine d'années. À l'aide des centaines de phrases et pensées que lui ont envoyées des gens de tous les coins du monde, il a composé ce recueil qui résume le bonheur en mots simples et touchants.

Mon état naturel
est d'être heureux.

Les conditions essentielles
du bonheur sont :
une chose à faire,
une chose à aimer,
une chose à espérer.

Après des années à chercher
en vain le secret du bonheur,
je me suis rendu compte qu'il était
en moi et dans ce que je fais
chaque jour pour ceux que j'aime.

Le secret du bonheur
est de ne pas avoir d'attentes.

Pour mener une
vie libre et
heureuse, il faut
faire le sacrifice
de l'ennui.

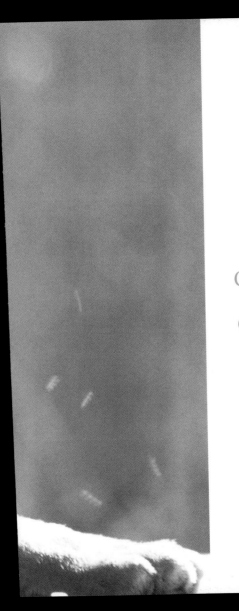

Trouver ce qu'on est venu faire sur terre et s'assurer d'avoir les moyens de le faire sont les clés du bonheur.

J'ai découvert que le meilleur moyen d'aimer la vie, c'est d'aimer ce qu'on fait chaque jour, et non de rêver de s'en évader.

Vivez heureux et en paix,
en sachant que les bonnes
pensées et les bonnes actions
apporteront inévitablement
les bons résultats.

Les portes que nous
ouvrons et fermons
chaque jour déterminent
la vie que nous menons.

Fais ce que
tu peux, avec ce
que tu as, où que
tu sois.

Accueille tout ce
qui vient à toi,
mais ne languis
après rien d'autre.

Après avoir rêvé de choses
qui m'échappaient, j'ai longtemps
réfléchi et je me suis rendu
compte que j'étais content
de ce que j'avais.

Ma richesse réside
non pas dans
l'étendue de mes
possessions mais
dans la rareté de
mes désirs.

Les vraies richesses
sont intérieures.

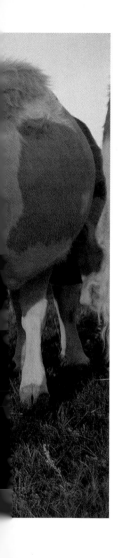

Si vous croyez que la vie
vaut d'être vécue,
ce qui était une croyance
deviendra un fait.

N'ayez aucun regret,
ou c'est la vie même
qui vous échappera.

Soyez fidèle à votre travail, à votre parole et à vos amis.

Ce genre d'honnêteté signifie
que vous serez plus heureux
de vous-même et de votre vie.

Si vous êtes patient
durant le court
instant où monte
la colère, vous
échapperez à cent
jours de regret.

Ne regardez jamais quelqu'un
de haut, sauf si c'est pour
l'aider à se relever.

Être bon pour les autres,
c'est peut-être aussi ce que
vous pouvez faire de mieux
pour vous-même.

Quand vous serez content d'être simplement vous-même, sans vous comparer ni vous mesurer, tout le monde vous respectera.

Où y a de l'amour,
y a de la vie.

Quand je suis tombé amoureux,
j'ai commencé à vivre comme
je n'avais jamais vécu.

Personne n'a vraiment besoin
de rester seul face à un problème.
C'est une habitude, et une
très mauvaise habitude.

L'important, ce n'est pas ce que vous leur dites, mais ce que les gens ressentent à votre contact.

La meilleure façon de vous faire plaisir, c'est de faire plaisir à quelqu'un d'autre.

Le rire est le plus
court chemin
entre deux êtres.

Si vous n'apprenez pas à rire
de vos problèmes, vous ne
trouverez rien de drôle
quand vous serez vieux.

Allez, riez,
vous n'en
mourrez pas !

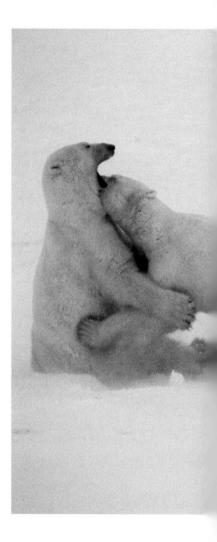

Nourrissez votre esprit de grandes pensées.

Quand vous aurez goûté au plaisir
de lire, c'est tout un monde
de découvertes qui s'ouvrira
devant vous et vous ne serez
plus jamais le même.

Les connaissances inutiles
peuvent être la source
d'un grand plaisir.

Il y a toujours quelque part quelque chose d'incroyable qui attend d'être découvert.

N'ayez pas peur
du mystérieux ;
il cache souvent
les plus belles
expériences.

Exploitez les talents dont
vous disposez. Les forêts
seraient très silencieuses
si on y faisait taire
tous les oiseaux, sauf
les meilleurs chanteurs.

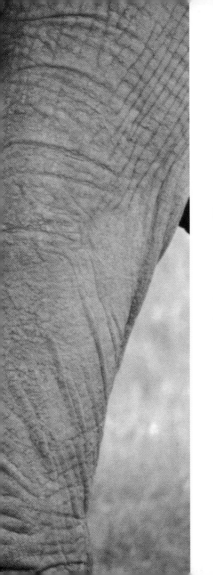

Les professeurs
ouvrent des portes,
mais vous seul
pouvez les franchir.

Les esprits créatifs réussissent toujours à surmonter le handicap d'une mauvaise éducation.

C'est en forgeant…

Ne vous découragez pas parce
que vous ne réussissez pas du
premier coup : cela arrive
à tout le monde. N'abandonnez
pas ; recommencez.

Ne vous laissez pas abattre
par les circonstances.
Pour arriver quelque part,
il faut commencer quelque part.

Sans une lutte, il n'y a pas de progrès possible.

Apprenez à apprécier les défis.
Ce sont des cadeaux que la vie
nous fait et non des tracas
à éviter à tout prix.

Qui veut le fruit
doit grimper à l'arbre.

La réussite, dans presque
n'importe quel domaine,
dépend plus de l'énergie
et du désir que de
l'intelligence.

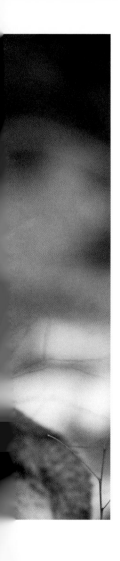

Pour accomplir
beaucoup, il nous faut
non seulement agir,
mais aussi rêver ;
non seulement prévoir,
mais croire.

Tous les hommes qui ont fait
de grandes choses étaient
de grands rêveurs.

Quand je crois vraiment
en mes rêves, ils se réalisent.

N'ayez pas peur
de faire le saut.

On ne peut franchir
un abîme à petits pas.

La confiance est la clé qui ouvre la porte du succès.

Quand vous aurez appris à avoir
confiance en vous, le monde
s'ouvrira devant vous et vous
trouverez votre voie.

Qui risque gros
gagne gros.
Qui ne risque rien
n'a rien.

La liberté n'est rien
sans la liberté
de faire des erreurs.

Notre plus grand mérite n'est pas
de ne jamais tomber mais
de nous relever chaque fois que
nous tombons.

La réussite appartient souvent
à celui qui tient bon
quand les autres ont lâché.

Il est toujours trop tôt pour abandonner.

Les choses qui comptent
dans la vie exigent toujours
un effort ; ce qui est important
n'est jamais si facile.
Sachez apprécier l'effort
et vous réussirez.

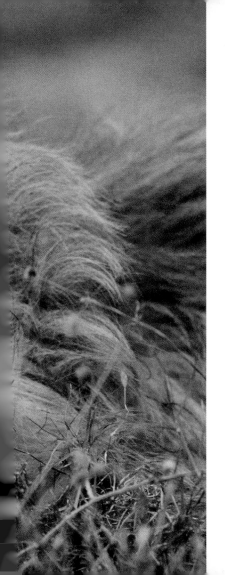

Voilà une chose qui
ne se recycle pas :
le temps perdu.

Qui veut un bel avenir
ne gaspille rien du présent.

Qui comprend le passé
commande l'avenir.

Qui commande l'avenir
a vaincu le passé.

L'avenir appartient
à ceux qui croient en
la beauté de leurs rêves.

C'est ce que je me dis chaque fois
que je ressens une frustration.
Cette pensée me remonte,
me réjouit et m'aide
à atteindre mes buts.

Allez avec confiance
dans la voie de vos rêves.

Menez la vie
que vous avez imaginée.

Qui ne vise rien
ne rate jamais
sa cible.

Ne tentez pas
de raccourci.
Le bonheur est plus
d'avancer que d'arriver.

Le plus long
des voyages
commence par
un seul petit pas.

Même si vous êtes dans la bonne voie, vous allez vous faire écraser si vous n'avancez pas.

Il y a plusieurs manières d'aller de l'avant mais une seule façon de rester planté là.

Soyez dans la joie et cette joie vous donnera l'énergie nécessaire pour obtenir ce que vous voulez dans la vie.

Les gens prennent tous
des chemins différents pour
atteindre l'épanouissement
et le bonheur.

Ce n'est pas parce qu'ils ne
marchent pas à vos côtés
qu'ils sont perdus.

Je ne suis peut-être pas allé où je voulais aller, mais je pense que je suis quand même arrivé où je voulais être.

Il est bon d'avoir
une fin vers
laquelle voyager,
mais c'est le
voyage lui-même
qui compte à la fin.

Le voyage est la récompense.

La meilleure façon d'être heureux,
c'est de prendre plaisir à ce que
vous faites maintenant, et non de
vous imaginer que le bonheur est
quelque part au bout de la route.

Le bonheur n'est pas une
destination : c'est une façon de vivre.